De l'Auxois au Morvan,
Le cuisine d'une Bourguignonne

Illustré par Florence Gobled

Basées sur des ingrédients fréquemment utilisés dans la Cuisine Bourguignonne, ces recettes vous invitent à en Découvrir les plaisirs...
Bon appétit !

Avec

Du vin

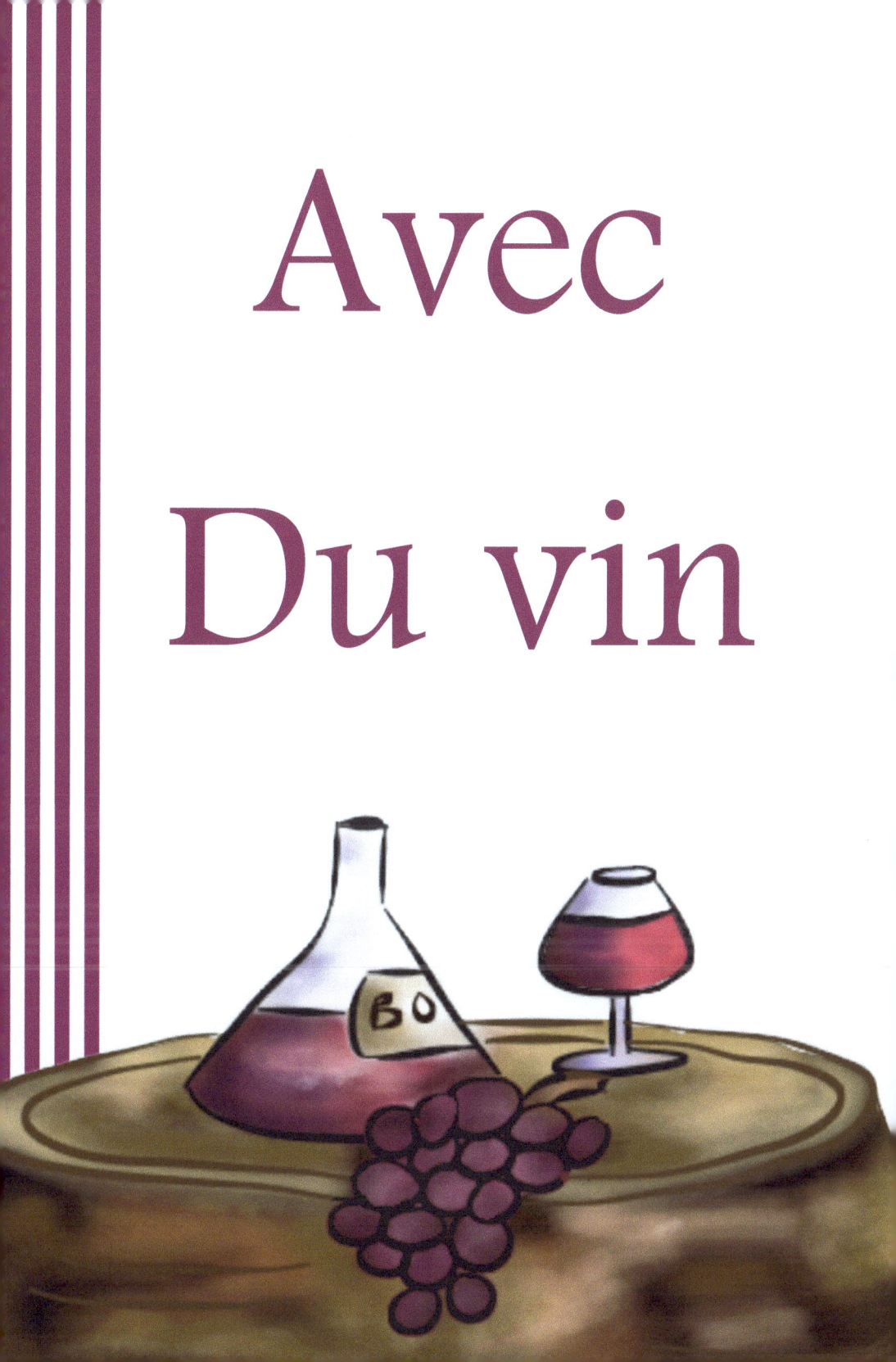

Boeuf bourguignon

Ingrédients pour 5 personnes :

1 kg de bourguignon

1 morceau de beurre

1 oignon piqué de 3 clous de girofle

1 carotte coupé en dés

3 cuillères à soupe de farine

1 grosse cuillère à soupe de crème fraîche

150 g de poitrine fumée coupée en lardons

1 bouteille de vin de Bourgogne

Thym, laurier, sel et poivre

Préparation :

Dans un faitout, faîtes fondre le beurre. Ajoutez-y l'oignon, les dés de carottes et les morceaux de viande afin de les faire saisir. Lorsque la viande est bien dorée, saupoudrez de farine, remuer et ajouter le vin, le thym, le Laurier, le sel et le poivre. Laisser cuire à feu doux pendant au moins 3 heures.

Un peu avant la fin de la cuisson, faites dorer les lardons et ajoutez les à la préparation avec la Crème.

Rectifier l'assaisonnement si nécessaire et servez bien chaud avec des pommes de terre vapeur.

Oeufs meurette

Ingrédients pour 5 personnes :

200 à 300 g de champignons de Paris cuits

200 g de lardons cuits

250 ml de vin de Bourgogne Rouge

10 tranches de pain grillé

1 cuillère à soupe de farine

1 peu de beurre

Sel, poivre

Préparation :

Dans une casserole, préparez un roux avec le beurre et la farine. Ajoutez le vin, remuez et laissez épaissir la sauce pendant quelques minutes. Ajoutez les lardons, les champignons, du sel et du poivre. Gardez au chaud. Dans une autre casserole, faîtes bouillir de l'eau vinaigrée et cassez-y les oeufs un par un afin de les pocher. Dans les assiettes, disposez 2 tranches de pain grillé par personne, glissez 2 oeufs par dessus et arrosez de sauce. Servez immédiatement.

Astuce ; Vous pouvez utiliser un reste de sauce de Bourguignon

Poires au vin

Ingrédients pour 5 personnes :

5 poires

½ litre de vin de Bourgogne rouge

1 bâton de cannelle

2 étoiles de badiane

Préparation :

Dans une casserole, portez le vin à
ébullition avec la cannelle et la badiane.
Baisser le feu et faîtes pocher les poires
que vous aurez épluchées, épépinées et
coupées en deux, pendant environ 5
minutes. Retirez délicatement les demi-
poires. Faîtes réduire le vin de moitié.
Ajouté le miel afin qu'il fonde dans le vin
chaud. Disposez les poires dans des
coupes, Arrosez les de la sauce au vin et
laisser refroidir complètement.

Avec des escargots

Escargots
à la
Bourguignonne

Ingrédients pour 5 personnes :

250 g de beurre

1 échalote

3 gousses d'ail

1 botte de persil

Sel, poivre

5 douzaines d'escargots en bocal

5 douzaines de coquilles

Astuce : S'il vous reste du beurre d'escargot, congelez-le

Préparation :

Faîtes ramollir le beurre à température ambiante. Épluchez les gousses d'ail et retirez le germe. Faîtes de même avec l'échalote. Équeuter le persil et lavez-le. Mixez finement le tout et mélangez avec le beurre, le sel et le poivre. Disposez un peu de beurre dans le fond des coquilles, un escargot puis à nouveau du beurre. Égalisez bien.

Disposez les escargots dans un plat à escargots en les calant bien pour qu'ils ne se renversent pas.

Quiche aux escargots

Ingrédients pour 5 personnes :

5 douzaines d'escargots en bocal

Beurre

Ail, persil, sel, poivre

2 oeufs

250 g de mascarpone

200 ml de lait

Pour la pâte :

200 g de farine

80 g de beurre fondu

80 ml d'eau

1 pincée de sel

Préparation :

Faîtes revenir les escargots dans le beurre
pendant quelques minutes.

Ajoutez l'ail et le persil que vous aurez mixés.

Salez, poivrez. Laissez en attente.

Préparez la pâte en mélangeant tous les
ingrédients jusqu'à obtenir une boule.

Étalez la pâte, foncez le moule à tarte et
piquez la pâte avec une fourchette.

Répartissez les escargots uniformément sur la
pâte. Mélangez les oeufs, le mascarpone et le
lait. Ajoutez une pincée de sel.

Versez la préparation sur la pâte et enfournez
à 180°C pendant environ 35 minutes.

Cassolettes
D'escargots
À la crème d'ail

Ingrédients pour 5 personnes :

1 kg de pommes de terre

5 douzaines d'escargots en bocal

10 gousses d'ail

250 ml de crème liquide

250 ml de lait

Sel, poivre

persil

Préparation :

Épluchez les pommes de terre et coupez-les en fines rondelles. Salez, poivrez. Laissez en attente.

Lavez les gousses d'ail mais ne les épluchez pas. Mettez les dans un récipient passant au micro-ondes avec la crème liquide et faîtes cuire 3 mn à 100 %. Laissez reposer 2 minutes.

Retirez les gousses, épluchez-les et écrasez-les à la fourchette. Mélangez avec la crème. Ajoutez le lait. Salez.

Disposez les pommes de terre dans 5 plats individuels, ajoutez les escargots.

Couvrir avec la crème d'ail et enfournez à 180°C pendant 60 mn. Saupoudrez de persil haché avant de servir.

Avec

de la

moutarde

Lapin à la moutarde

Ingrédients pour 5 personnes :

1 lapin découpé

Moutarde de Dijon

300 ml de vin blanc

250 g de lardons

5 tomates

Thym, laurier, sel, poivre

Préparation :

Mélangez deux bonnes cuillères de moutarde avec un peu de vin blanc de façon à obtenir la consistance d'une crème.

Badigeonnez grossièrement les morceaux de lapin avec la préparation à la moutarde.

Dans un plat à four, disposez les morceaux de lapin, les tomates coupées en quatre, le thym, le laurier, du sel et du poivre.

Mélangez à nouveau 2 à 3 cuillères de moutarde avec le reste de vin blanc.

Versez dans le plat. Faîtes cuire 50 mn à 180°C.

Faîtes revenir les lardons. Environ 10 minutes avant la fin de la cuisson, ajoutez-les dans le plat.

Tarte à la tomate

Ingrédients pour 5 personnes :

4 à 5 belles tomates

Moutarde de Dijon

2 cuillères à soupe de semoule de blé

Comté râpé

Herbes de Provence, sel, poivre

Pour la pâte :

200 g de farine

80 g de beurre fondu

80 ml d'eau

Sel, herbes de Provence

19

Préparez la pâte avec tous les ingrédients.
Étalez-la, placez-la dans le moule et
piquez-la.
Sur la pâte, étalez une fine couche de
moutarde. Saupoudrez avec la semoule.
Répartissez le comté râpé puis les tomates
coupées en rondelles.
Salez, poivrez, parsemez d'herbes de
Provence.
Enfournez à 180°C pendant 30 à 40 mn.
Se mange chaude ou froide avec une salade
verte.

Petits flans
à la moutarde

Ingrédients pour 5 personnes :

4 oeufs

1 yaourt nature

1 cuillère à café de maïzena

1 à 2 cuillères à soupe rase de moutarde

De Dijon (suivant le goût)

Sel, poivre

Préparation :

Battez les oeufs en omelette avec la moutarde, le yaourt et la maïzena.

Salez, poivrez.

Répartissez la préparation dans 5 petits moules individuels en silicone.

Faîtes cuire au micro-ondes : 2 minutes à 100 % puis 2 mn 30 à 80 %.

Laisser reposer 2 minutes. Vérifiez la cuisson : si besoin remettez 1 à 2 mn à 80 %. Laissez à nouveau reposer quelques instants avant de déguster.

Avec

des

oignons

Soupe à l'oignon

Ingrédients pour 5 personnes

1 kg d'oignons

Beurre

2 à 3 cuillères à soupe de farine

1 litre d'eau

Sel, poivre

Comté râpé

25

Préparation :

Épluchez et émincez les oignons. Faîtes-les revenir dans le beurre jusqu'à ce qu'ils soient légèrement colorés. Saupoudrez avec la farine et remuez.

Versez l'eau sur les oignons en remuant pour ne pas faire de grumeaux.

Salez, poivrez et laissez cuire environ 15 mn.

A la fin de la cuisson, rectifiez l'assaisonnement et mixer afin d'obtenir un potage lisse.

Servez bien chaud avec le comté râpé et des croûtons de pain grillés.

Tarte à l'oignon

ingrédients pour 5 personnes :

5 oignons

250 g de lardons

2 oeufs

250 g de mascarpone

200 ml de lait

Beurre

Sel, poivre

Pour la pâte :

200 g de farine

80 g de beurre fondu

80 ml d'eau

sel

Préparation :

Épluchez les oignons et émincez-les finement. Dans le beurre, faîtes griller les lardons et ajoutez les oignons. Faîtes revenir le tout quelques minutes. Préparez la pâte en mélangeant tous les ingrédients. Foncez le moule à tarte et piquez la pâte. Étalez uniformément la préparation aux oignons. Mélangez les oeufs, le lait, le mascarpone et un peu de sel. Versez sur la tarte. Enfournez à 180 °c et laisser cuire environ 35 mn, jusqu'à ce que le dessus soit doré. Dégustez chaud ou froid, avec une salade verte.

Avec

Du

jambon

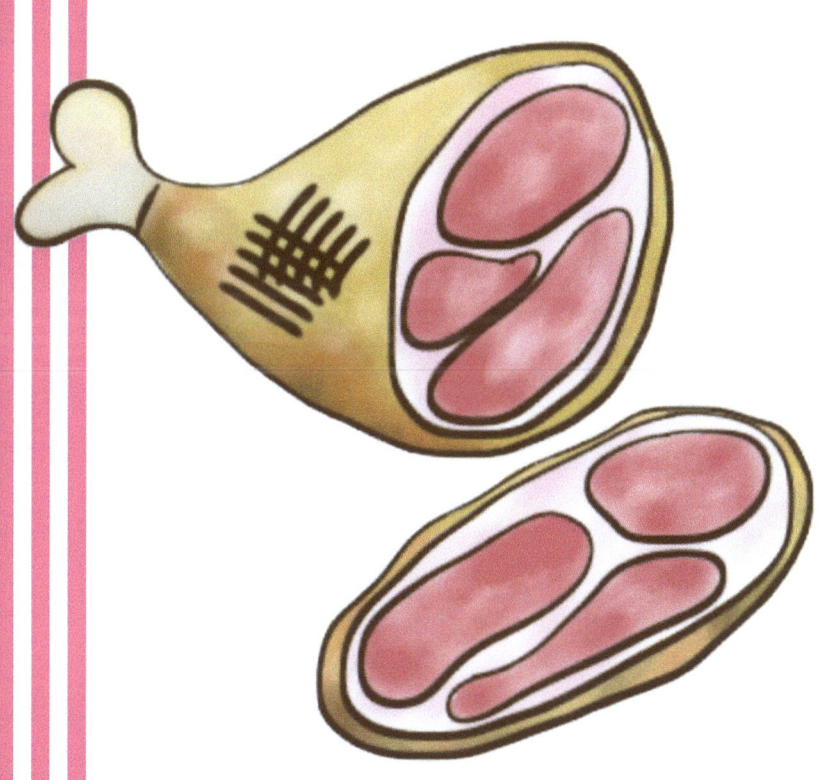

Rouleaux de Poireaux gratinés

Ingrédients pour 5 personnes :

5 blancs de poireaux cuits à la vapeur

5 tranches de jambon

Comté râpé

poivre

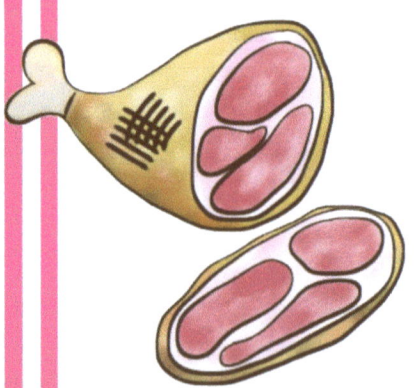

Préparation :

Roulez les blancs de poireaux dans les tranches de jambon. Poivrez légèrement.

Disposez les rouleaux dans un plat à four.

Parsemez de comté râpé.

Enfournez dans un four chaud jusqu'à ce que le fromage soit fondu.

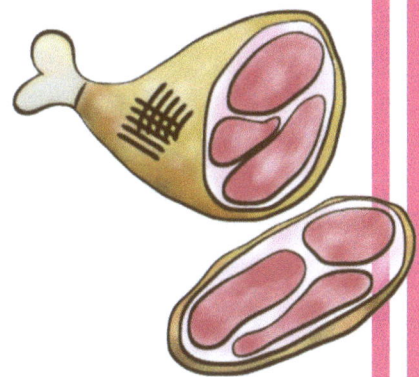

Jambon à la Crème

Ingrédients pour 5 personnes :

10 tranches de jambon

Beurre

2 échalotes

1 verre de vin blanc

1 cuillère de cognac

250 g de champignons déjà cuits

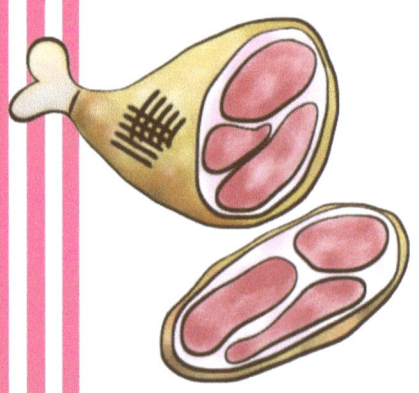

Préparation :

Épluchez et émincez les échalotes. Faîtes les fondre dans le beurre pendant quelques minutes. Ajoutez les champignons.

Ajoutez le vin et le Cognac. Baissez le feu et laissez réduire pendant que vous roulez les tranches de jambon.

Disposez les rouleaux de jambon dans le plat. Laissez chauffer doucement pendant quelques minutes, juste le temps de réchauffer le jambon et servez.

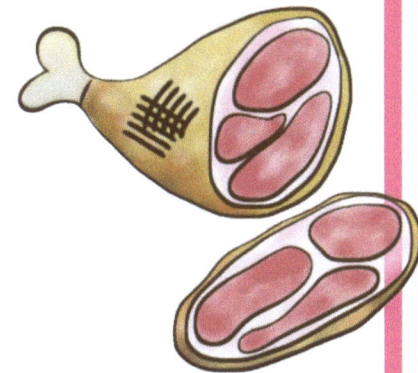

Feuilleté

Au

Jambon

Ingrédients pour 5 personnes :

1 rouleau de pâte feuilletée

5 tranches de jambon

5 tranches de Gouda

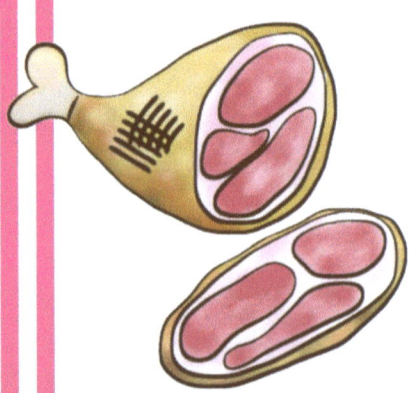

Sur la pâte feuilletée, étalez les tranches de
jambon puis les tranches de Gouda.
Roulez le tout en un gros rouleau.
Faîtes cuire à four chaud (180° C)
pendant 35 mn environ.
Dégustez bien chaud.

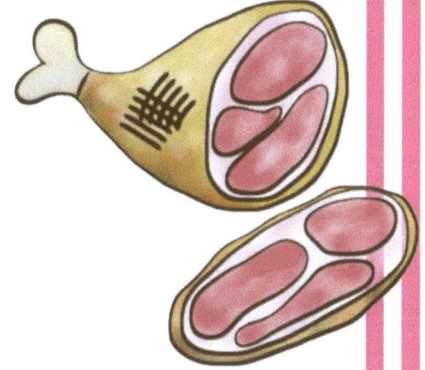

Avec

des cassis

Clafoutis

aux Cassis

Ingrédients pour 5 personnes :

500 g de cassis frais ou surgelés

4 oeufs

250 g de mascarpone

250 ml de lait

60 g de farine

130 g de sucre

Sucre vanillé, beurre pour le plat.

Préparation :

Disposez les cassis dans un plat beurré et réservez.

Dans un saladier, battez lesoeufs avec le sucre. Ajoutez la farine, le mascarpone et enfin le lait. Remuez Jusqu'à ce que la pâte soit bien lisse. Versez sur les cassis et faîtes cuire à 180° pendant 30 à 35 mn.

A la sortie du four, saupoudrez de sucre vanillé et dégustez tiède.

Amandines

aux cassis

Ingrédients pour 5 personnes :

400 g de cassis (environ)

120 g de poudre d'amande

4 oeufs

90 g de beurre ramolli

100 g de sucre

2 cuillerées à soupe de farine

Pour le pâte :

1 à 2 cuillère à soupe de sucre

200 g de farine

80 g de beurre fondu

80 ml d'eau

41

Préparation :

Préparer la pâte à tarte. Foncez-en un moule, piquez-la et laisser de côté. Battez les oeufs avec le sucre, ajoutez la farine, la poudre d'amande puis le beurre fondu. Disposez les cassis sur la pâte à tarte, recouvrez avec la crème d'amande. Faîtes cuire à 180 °C pendant environ 40 mn.

Muffins aux Cassis

Ingrédients pour 5 personnes :

180 g de cassis

200 g de farine

125 g de sucre

2 oeufs

125 ml de lait

60 g de beurre fondu

1 pincée de bicarbonate.

Préparation :

Battez les oeufs avec le sucre. Ajoutez la farine, le bicarbonate, le lait et le beurre fondu.

Passez les cassis dans un peu de farine et incorporez les à la pâte. Versez dans des moules individuels en silicone et faîtes cuire à environ 25 mn à 180°C.

44

Avec du fromage

Gougères

Ingrédients pour 5 personnes :

250 ml d'eau

90 g de beurre

125 g de farine

4 oeufs

125 g de comté râpé

Sel, poivre

Préparation :

Faîtes fondre le beurre dans l'eau salée et poivrée.

Ajoutez la farine en une seule fois et remuez jusqu'à ce que le mélange dégage une légère odeur de noisette et se détache de la cuillère.

Hors du feu, ajoutez les oeufs, un par un, en mélangeant bien à chaque fois. Ajoutez le comté.

Avec un poche à douille, formez des petites boules et enfourner 25 à 30 mn dans un four à 180°C sans ouvrir la porte du four.

A la fin de la cuisson, laissez reposer 5 à 10 mn dans le four, porte entre-ouverte.

Galettes de Carottes

Ingrédients pour 5 personnes :

800 g de carottes crues, râpées

250 g de ricotta

3 cuillères à soupe de farine

2 oeufs

Sel, poivre, huile

49

Préparation :

Battez les oeufs en omelette. Ajoutez la ricotta, la farine, du sel et un peu de poivre.

Mélangez les carottes râpées dans la préparation et rectifiez l'assaisonnement si nécessaire.

Faîtes chauffer l'huile dans une poêle. Versez des petits tas de préparation et faîtes cuire comme des petites crêpes. Servez bien chaud.

Soufflé à l'Epoisses

Ingrédients pour 5 personnes :

100 g d'Epoisses

3 oeufs

40 g de beurre

80 g de farine

300 ml de lait

Sel, poivre

51

Faîtes fondre l'Epoisses dans le lait, à feu doux.
Laissez en attente.

Dans une autre casserole, faîtes un roux avec le
beurre et la farine. Versez le lait chaud sur le
roux, sans cesser de remuer. Salez, poivrez
légèrement.

Hors du feu, versez les jaunes d'oeuf un par un
puis les blancs montés en neige. Versez dans
un moule à soufflé et cuire Environ
40 mn à 200°C, sans ouvrir la porte du four.
Servez aussitôt.

Table Des matières

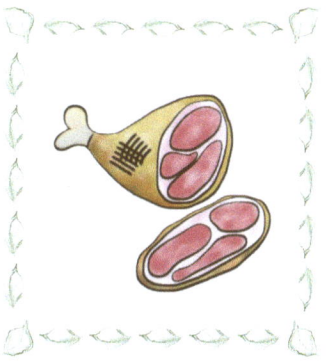

Éditions du loup bleu
71400 Autun

© 2014, Florence Gobled

ISBN : 979-10-90981-00-3

Impression à la demande :
BoD, books on demand, Allemagne

Dépôt légal juin 2014

De l'Auxois au Morvan,

La cuisine d'une Bourguignonne

Illustré par Florence Gobled